5-6 ans

Des lettres et des mots pour bien écrire

Habileté manuell
Entraînement

Important : avant de commencer, lisez page 40 les conseils pédagogiques d'utilisation.

RETZ
1, rue du Départ
75014 PARIS

u

i

t

Les points des **i** et les barres des **t** se font à la fin de chaque mot.

tut

tuti

Tut et Tuti ont écrit leurs noms, mais ils ont oublié des petites "choses". Rajoute-les avec un crayon de couleur.

tut   tuti   tut   tuti

Dessine ton portrait dans la première case et écris ton nom.
Découpe à la deuxième page de ton cahier couleur (au milieu du livre) les images qui vont dans les cases suivantes, colle-les et écris leur nom.

	tut	tuti

Rendez-vous à la page jaune de ton cahier couleur.

Nous venons
d'une trés belle planète appelée
Minipolicoluri ou Mini.
Mais aujourd'hui
elle est plongée dans la nuit !

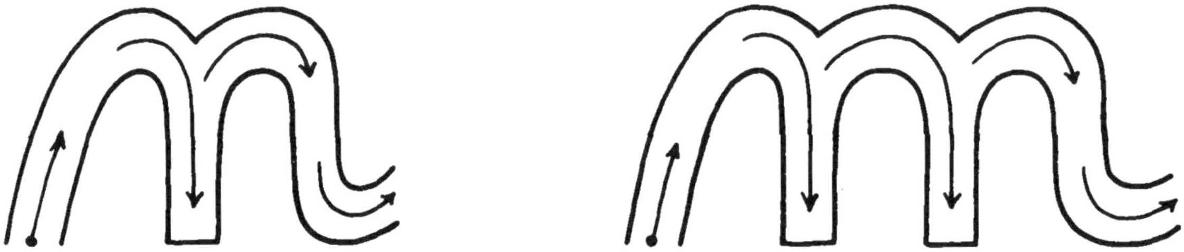

m

m

mini.

nuit.

▸ Avec **n** et **u**, tu peux écrire deux petits mots très différents.

1

un . ...

nu . ...

▸ Ecris le petit mot **un** ou **nu** à côté de chaque dessin.

	1	 . ...
1		1 . ...

▸ Colle les images qui vont dans les cases et écris leur nom.

mini	nuit	nu
. ...	. ...	. ...

e

l

Sur le **e** il y a souvent des accents : é è ê

lune.

▶ Après le petit mot **un** voici le petit mot **une** : pour bien se faire reconnaître, Mr **un** porte une moustache, et Mme **une** un ruban.

un et une

▶ Entoure tous les petits mots **et** de l'exercice précédent.

▶ Ecris le petit mot **un** ou **une** devant chaque dessin.

▶ Colle les images qui vont dans les cases et écris leur nom.

lune	une	un

...des bulles grises
sont apparues.

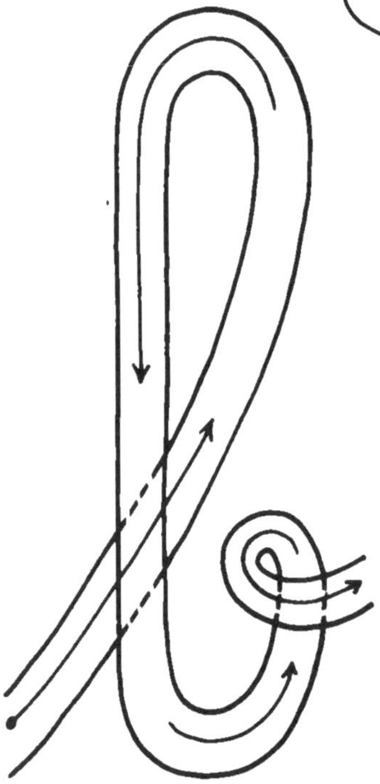

Comme des bêtes affamées,
elles ont dévoré les couleurs !

b

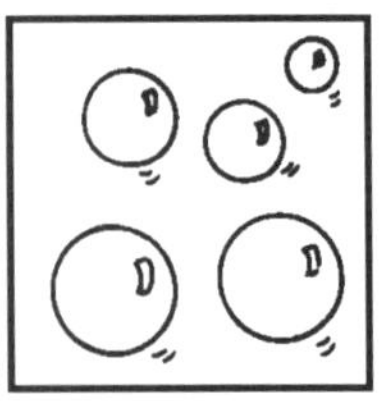

bulle.

bête.

▶ Voici le nom d'une couleur ! Cherche-le dans tes images à découper, il te dira de quelle couleur colorier la case vide.

bleu .

▶ Ecris dans la maison des **b** tous les mots où tu vois cette lettre.

bête lit bleu

tut but lune

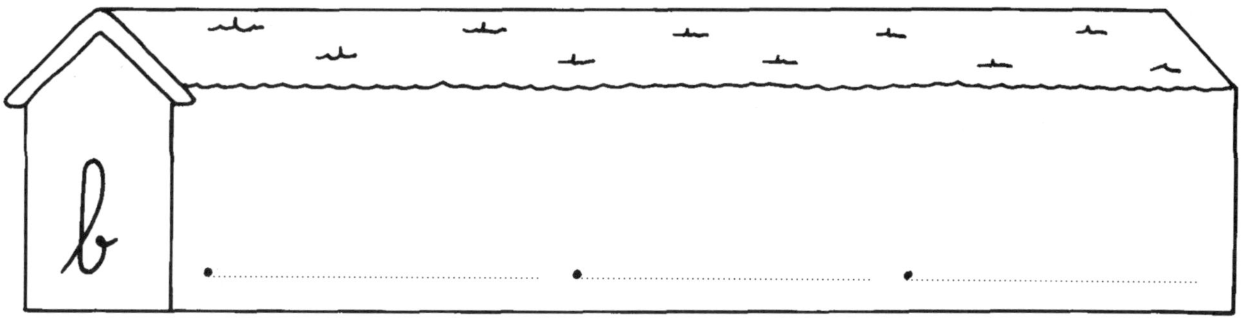

▶ Colle les images qui vont dans les cases et écris leur nom.

bulle	bête	bleu

r ,

v ,

reine .

livre .

► Voici un autre nom de couleur, cherche-le dans tes images à découper, il te dira comment tu dois colorier la case vide.

vert ....

► Ecris à côté de chaque animal, dans quel milieu il vit :

 terre ou  mer

 ....

 ....

 ....

 ....

► Colle les images qui vont dans les cases et écris leur nom.

reine	livre	vert	mer
....	....	....	....

s .

sirène .

tresse .

triste .

le - les

► Ecris devant chaque dessin, le petit mot **le** ou **les**.

•.................... 

•.................... 

•.................... 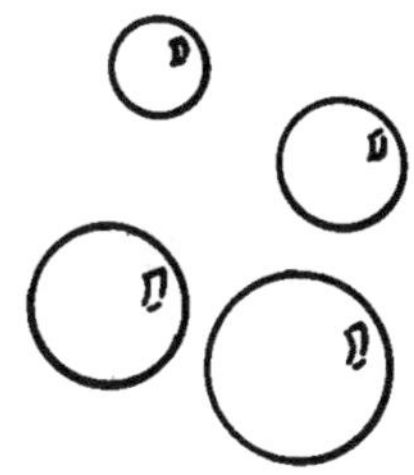

•.................... 

•.................... 

•.................... 

► Voici une devinette qui s'appelle un rébus : cherche le nom des 2 dessins et tu trouveras un mot connu. Ecris-le.

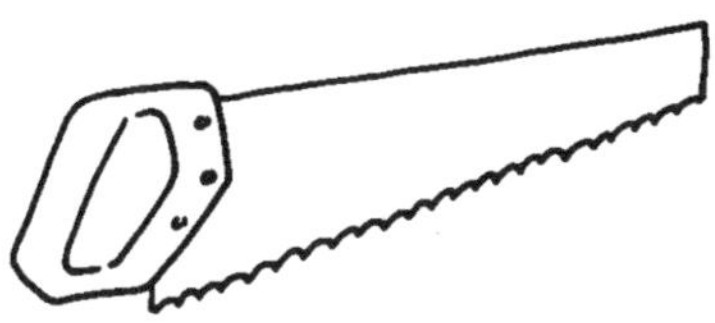 

•..

► Colle les images qui vont dans les cases et écris leur nom.

sirène	tresse	triste
•....................	•....................	•....................

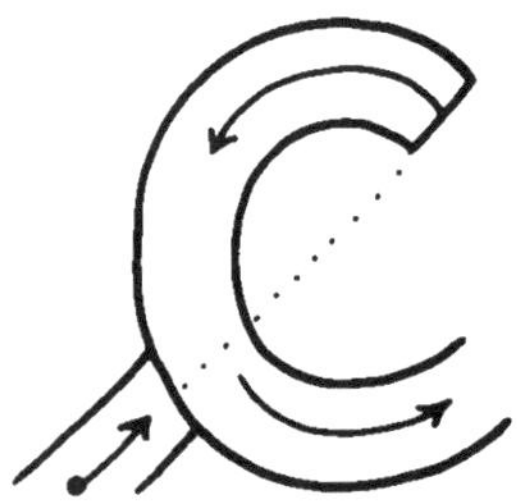

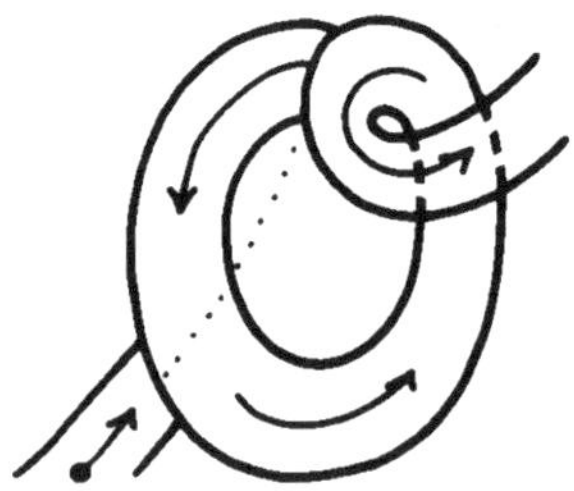

c

o

sorcier

cou

► Cherche les noms de ces 2 nouvelles couleurs dans tes images à découper et colorie les cases correspondantes.

rose.

violet.

► Voici deux mots qui se ressemblent beaucoup. Regarde-les bien et relie chaque mot à la bonne étiquette avec des couleurs différentes.

mouton

bouton

bouton
mouton
mouton
bouton
bouton
mouton

► Colle les images qui vont dans les cases et écris leur nom.

sorcier	cou	rose	violet

a

arc-en-ciel

▶ Colle l'image qui va dans la case et écris son nom.

arc-en-ciel

▶ Rendez-vous à la page verte de ton cahier couleur.

Voici ton cahier couleur !
Tu y découvriras des images à découper...
... l'alphabet coluri qui t'aidera à décoder notre écriture...
... et bien sûr, tu participeras à toutes nos aventures !

bleu
vert
rose
violet
orange
5
rouge
jaune
9
0
6

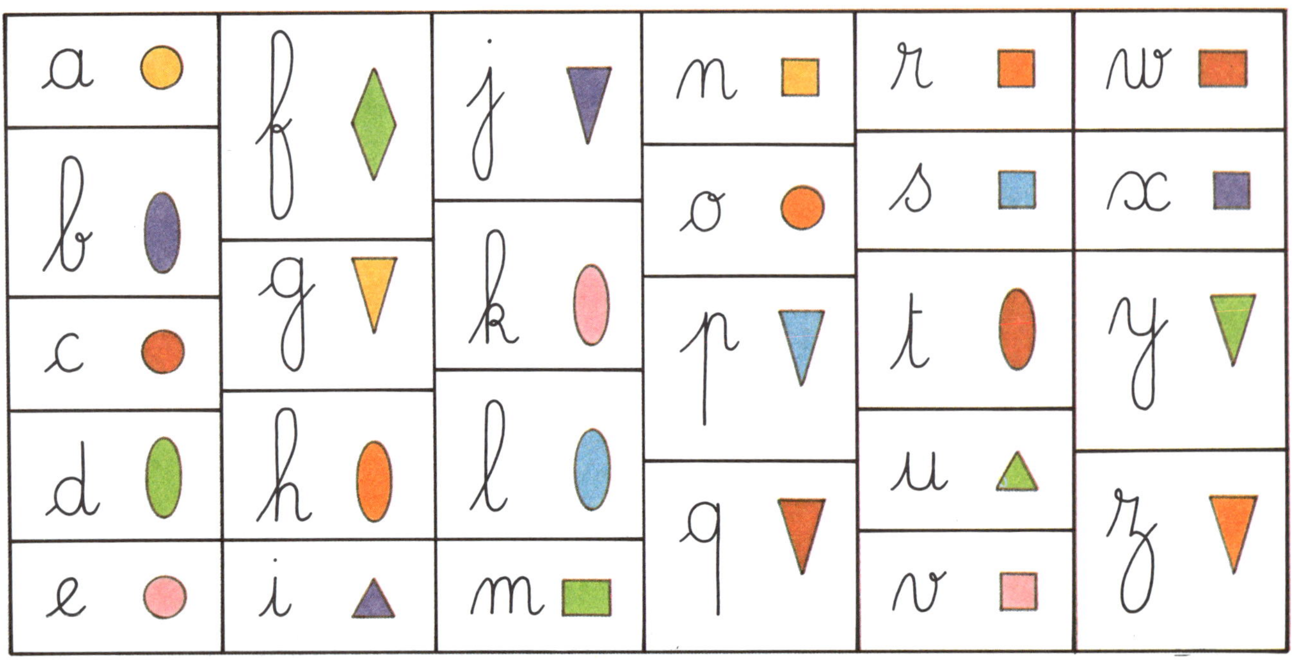
a
b
c
d
e
f
g
h
i
j
k
l
m
n
o
p
q
r
s
t
u
v
w
x
y
z

Des cadeaux sont arrivés sur la planète Minipolicoluri !
Pour savoir à qui ils sont, déchiffre les noms écrits sur les étiquettes à l'aide de l'alphabet coluri ci-contre.
Ecris ton nom sur l'étiquette blanche, traduis-le au-dessus en alphabet coluri, puis suis la ficelle pour découvrir ton cadeau.

▸ Voici le pays de l'arc-en-ciel ! Regarde : même les animaux sont en couleurs.
Mais Tut et Tuti ne savent pas où aller.
Aide-les en traçant le bon chemin.

▶ Pour que Tut et Tuti ne se trompent pas, écris dans l'ordre le nom des animaux qui mènent à l'arc-en-ciel sans oublier d'indiquer leur couleur.

• ....

• ....

• ....

• ....

Tut et Tuti ont noté les 7 couleurs qu'ils doivent faire avaler au sorcier pour l'anéantir.
Cours vite au supermarché pour trouver les produits nécessaires. Ecris leur nom en face de chaque couleur pour ne pas en oublier, sinon le sorcier pourrait s'échapper.

Pour te remercier de ton aide, Tut et Tuti t'ont laissé un petit morceau d'arc-en-ciel. Pour le voir apparaître, déchiffre chaque mot coluri et colorie suivant les indications.

le - la

▶ Ecris devant chaque dessin le petit mot **le** ou **la**.

.... 	.... 	.... 
.... 	.... 	.... 

▶ Parmi les mots suivants, trouve la réponse au rébus qui est dans le cadre et écris-la.

balai  bol  baleine 

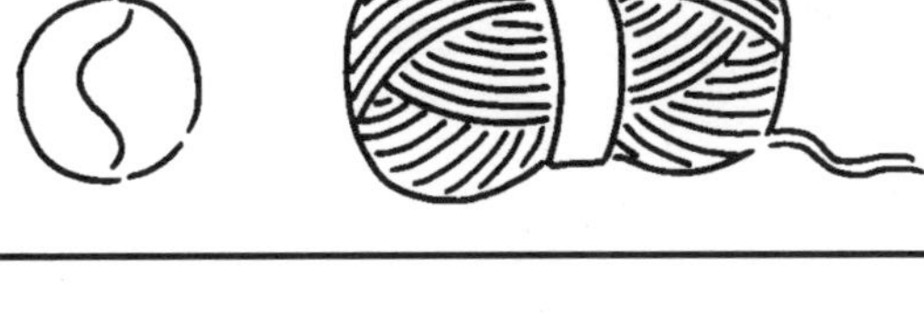 ....

d

cadeau

dé

▶ Relie dans l'ordre toutes les lettres qu'il faut pour écrire le mot cadeau.

c e a d u e a c u

di

► Fais apparaître tous les jours de la semaine en complétant ce qui est écrit avec **di**.

lun..........

mar..........

mercre..........

jeu..........

vendre..........

same..........

..........manche

► Voici un autre mot qui s'écrit avec **di**.
Entoure le jour de la semaine qui commence comme ce mot.

dinosaure

► Colle les images qui vont dans les cases et écris leur nom.

cadeau	dé

• ....

• ....

C'est un dé magique ! Si on le frotte...

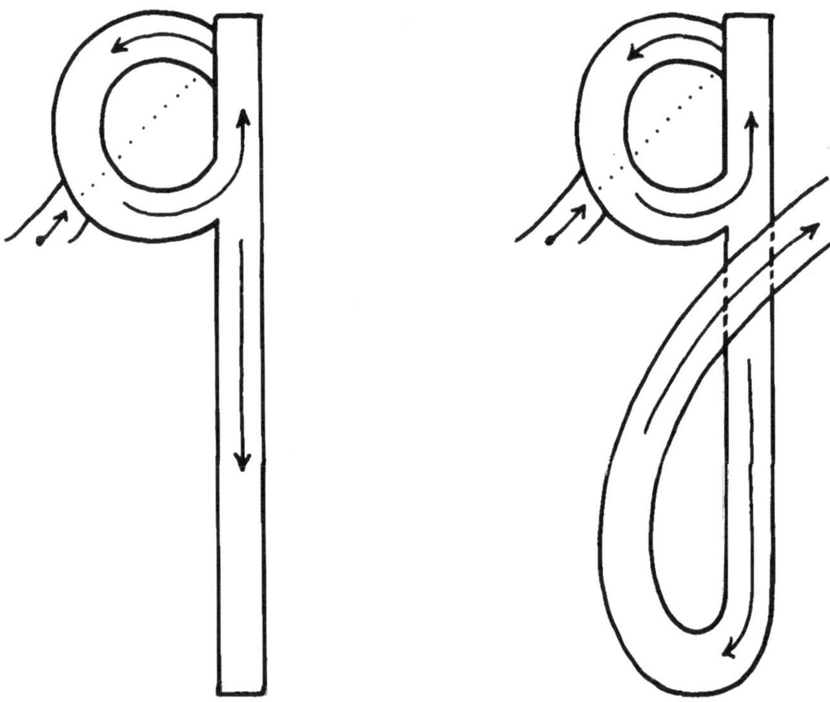

... en prononçant cinq fois "Abracadagris," le sorcier gris apparaît.

q

g

5 cinq .

► Cherche le nom de ces nouvelles couleurs dans tes images à découper et colorie les cases correspondantes.

rouge .

orange .

► Dessine le fruit qui a le même nom qu'une couleur et écris son nom

► Colle les images qui vont dans les cases et écris leur nom.

cinq	rouge	orange

Sitôt arrivé...

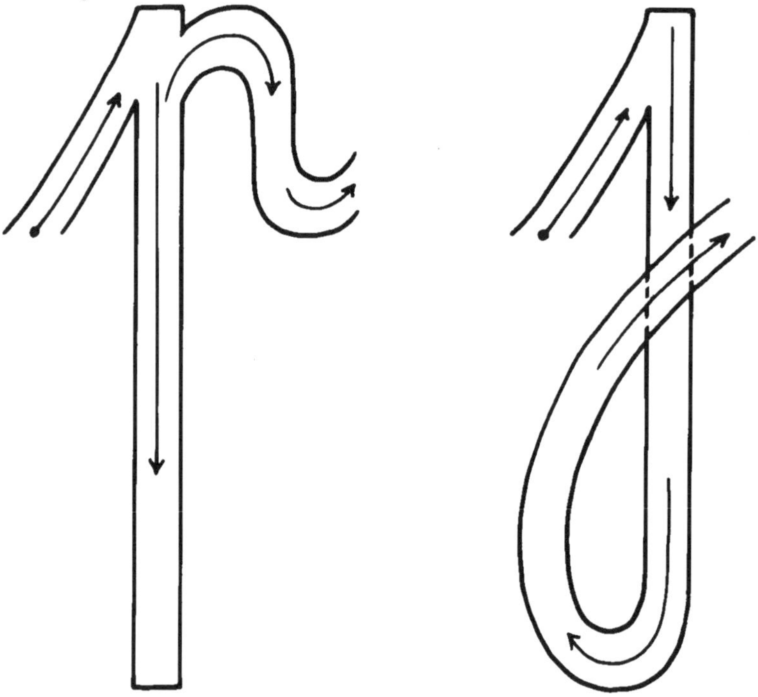

...on l'attrape et
on lui fait avaler
toutes sortes de
breuvages colorés :
sirop de cassis,
shampooing,
jus de pomme...

p

j

jus de pomme

▶ Cherche le nom de cette couleur dans tes images à découper et colorie la case vide.

jaune

▶ Ecris **jaune** à côté des dessins si cela est vrai.

▶ Colle les images qui vont dans les cases et écris leur nom.

jus de pomme

jaune

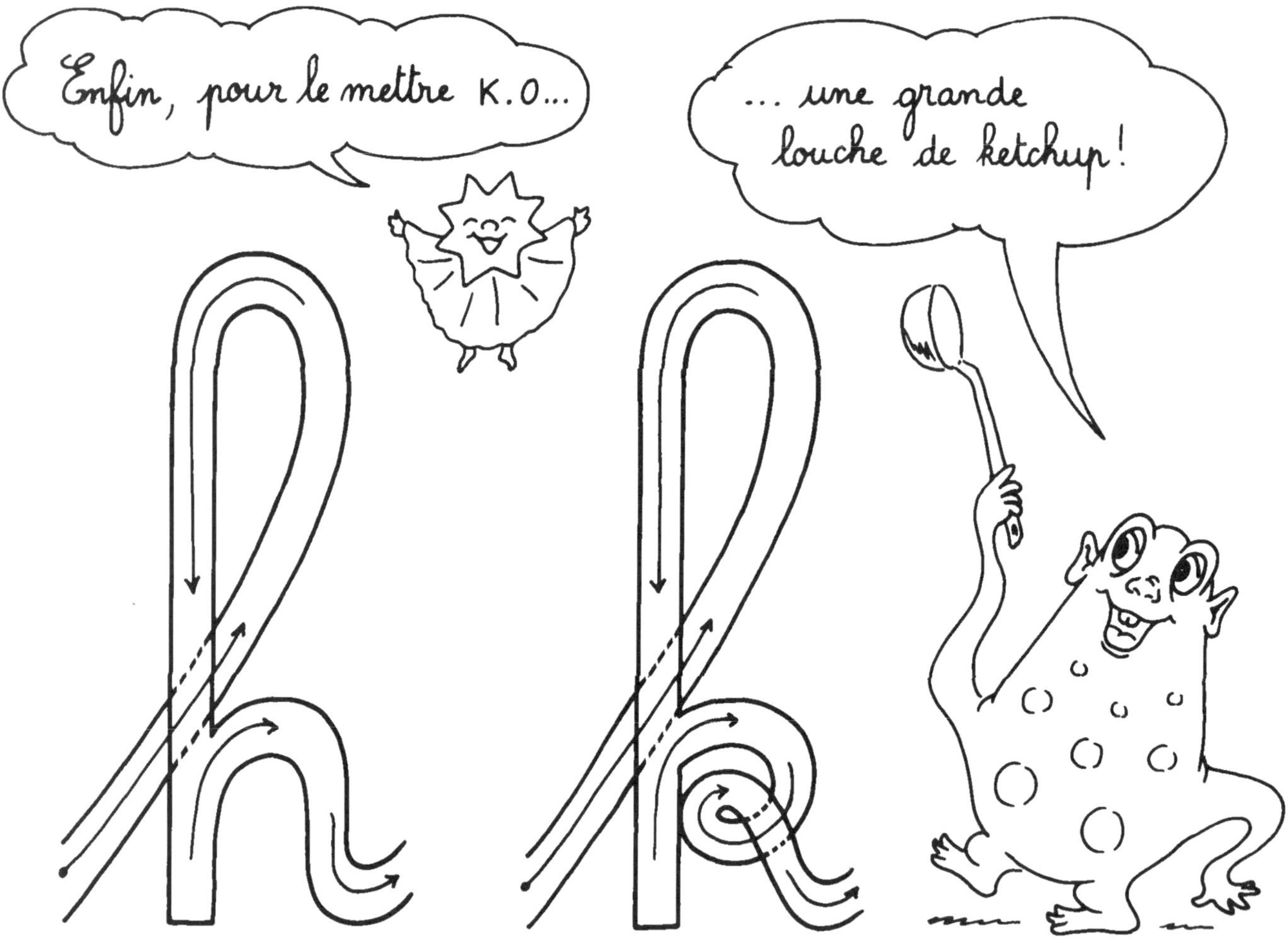

h

k

 louche.

 ketchup.

▶ Dans les mots qui suivent il y en a 2 qui s'écrivent avec les mêmes lettres. Trouve-les et écris-les.

 chien	 chat	....
 louche	 niche	....

▶ Colle les images qui vont dans les cases et écris leur nom.

louche	ketchup
....	....

▶ Rendez-vous à la page violette de ton cahier couleur.

Bravo! Quelle fête!
L'affreux sorcier a explosé en un formidable feu d'artifice!

fête .

feu .

neuf

► Ecris **neuf** dans les cases où tu peux compter 9.

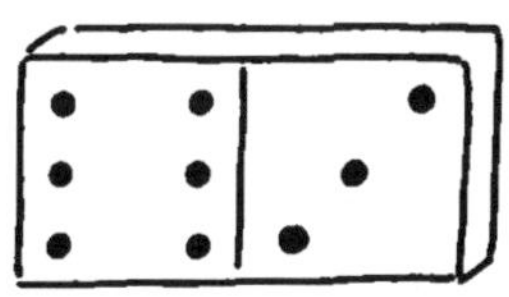

► Colle les images qui vont dans les cases et écris leur nom.

fête	feu	neuf

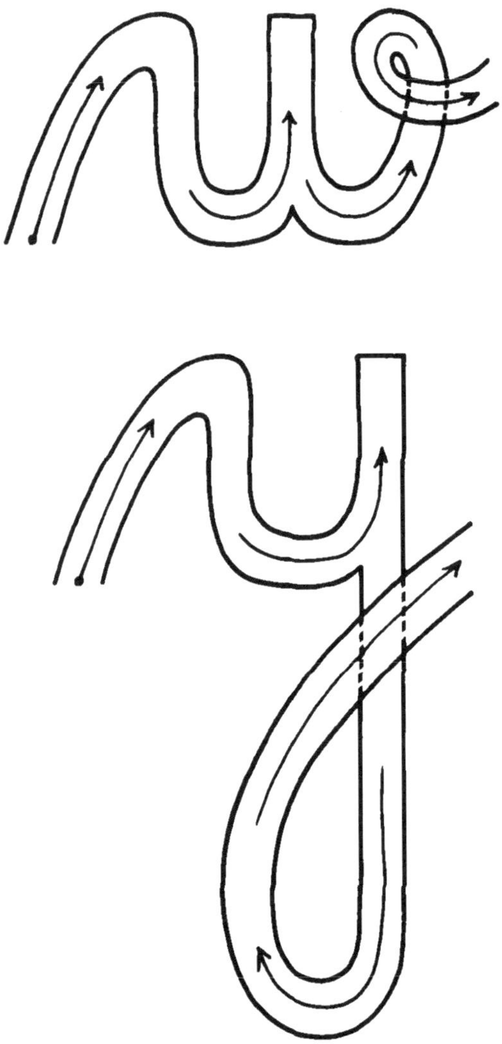

Il est temps
de songer au voyage de retour !
Nous devons rapporter
des wagons de crayons
pour apprendre à écrire
à tous les habitants
de Minipolicoluri !

w

y

 wagon .

 crayon .

► En suivant l'exemple indiqué, écris à côté de chaque fruit **noyau** ou **pépin** selon son espèce.

 noyau

 pépin

 .

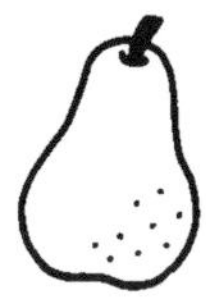 .

 .

 .

► Colle les images qui vont dans les cases et écris leur nom.

wagon	crayon

.

.

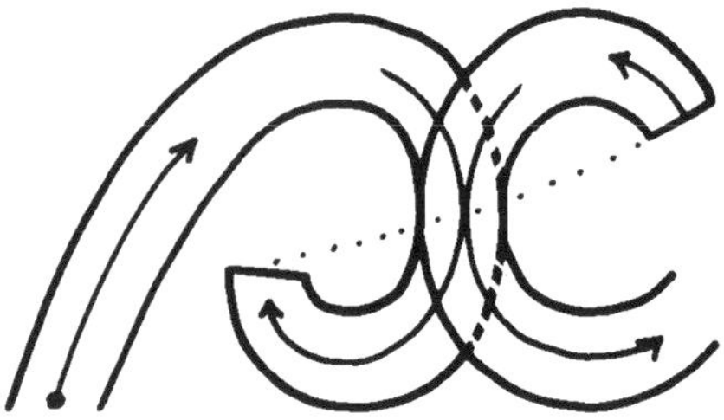

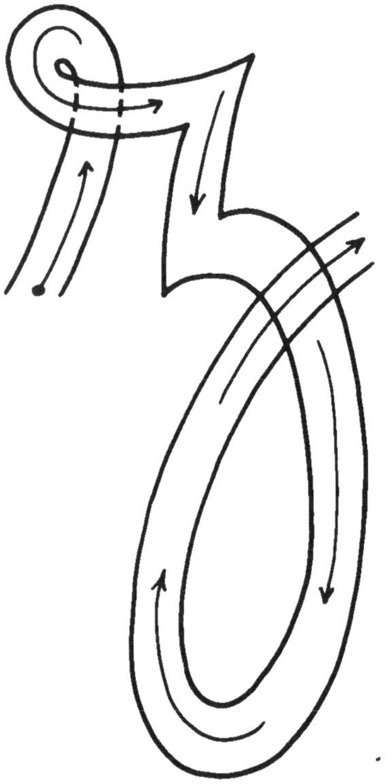

Chez nous
pour dire au revoir,
on se frotte le nez avec le bout
de son index.
Et... n'oublie pas
de nous écrire,
là-bas au fond
de la galaxie!

4, 3, 2, 1, 0...
...plein gaz sur Mini!

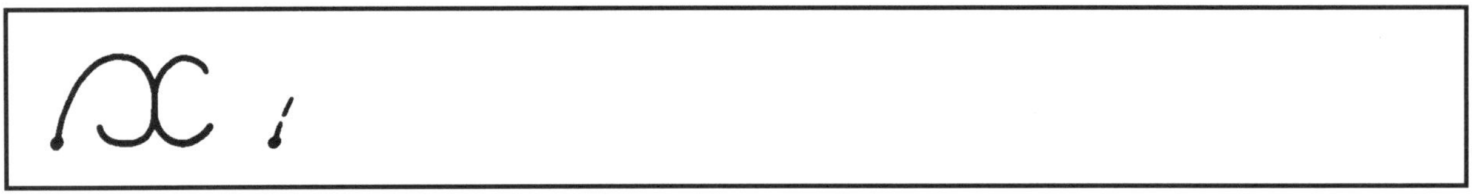

index .

0 zéro .

six

▶ Ecris **six** dans les cases où tu peux compter 6.

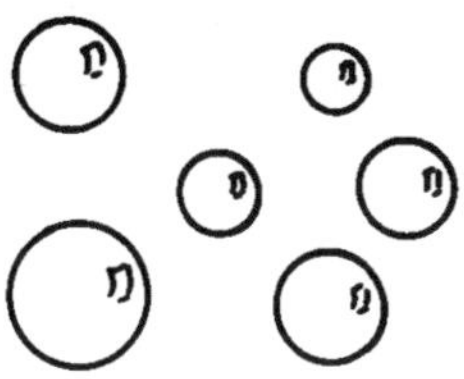

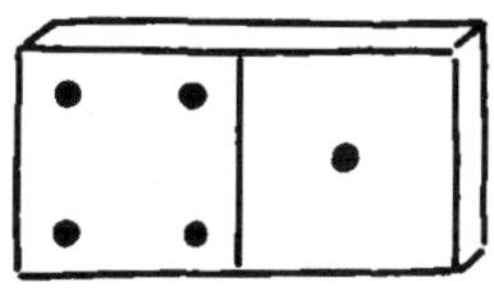

▶ Colle les images qui vont dans les cases et écris leur nom.

index	zéro	six

▶ Rendez-vous à la dernière page de ton cahier couleur.

A l'attention des parents et des enseignants

L'apprentissage de l'écriture proposé dans cet ouvrage se fait progressivement au cours du déroulement de l'histoire de Tut et Tuti.

A chaque double page, un nouvel épisode de leurs aventures est découvert et constitue une séquence d'entraînement comprenant :

- de grands modèles de lettres, fléchés comme des routes à sens unique : l'enfant les parcourt du bout du doigt autant de fois que nécessaire à l'intégration du mouvement à effectuer;

- des lettres à reproduire au crayon : l'enfant s'exerce au tracé dans un cadre délimité. Seul un point de départ est donné afin qu'il organise son espace librement (l'amplitude du graphisme est très variable d'un enfant à l'autre);

- des mots réalisés avec les lettres apprises : en les recopiant l'enfant renforce sa pratique des lettres connues et se familiarise avec les différents types de liaison.
A ce stade, les lignes indiquées sont plutôt une aide au repérage qu'une consigne stricte;

- des jeux de va-et-vient entre l'écrit et sa représentation : l'enfant apprend à reconnaître le graphisme des mots utilisés et, par le biais des illustrations, découvre leur signification. Il entre ainsi dans la fonction symbolique de l'écriture.

Enfin, les rendez-vous donnés dans les pages noires aux pages du cahier couleur sont autant des mises en application de ce qui a été abordé que des récréations indispensables au plaisir d'entrer dans la grande aventure de l'éciture.

RETZ

Cet ouvrage a été achevé d'imprimer
en février 1994 sur les presses de
l'Imprimerie Carlo-Descamps à Condé-sur-l'Escaut.
N° d'imprimeur : 8470
N° d'éditeur : 664

Conception et illustrations : Dominique Maume
Réalisation : Studio Primart, Catherine Just
Secrétariat éditorial : Nathalie Autret